算数授業スキル ニューノーマル

尾﨑正彦

JN039855

明治図書

Introduction
はじめに

　「日本の学校現場の ICT 環境整備は遅れている」

　昨年のコロナ禍で全国の学校が３か月に渡って休校せざるを得なくなった際に，何度も耳にした言葉です。

　では，ICT 環境が整備されれば，教室と同じ授業がオンラインで再現され，コロナ禍で叫ばれた様々な問題は解決するのでしょうか。

　確かに，ICT 環境が整備されることで，ある程度の問題は解決するかもしれません。

　一方，私は新たな問題が露呈したと考えています。

　それは，「授業の質」の問題です。

　これまでの授業は，教室という閉じられた空間で行われていました。ところが，ICT 環境が整備され，オンラインで授業が動画配信されるようになることで，その授業を保護者も目にすることができるようになりました。つまり，「オンライン授業＝参観日」とでも言うべき図式ができ上がったのです。

　平時の参観日は１か月に１回程度なので，多少のごまかしはきくかもしれませんが，毎日，毎時間配信されるオンライン授業ではごまかしはきかず，「授業の質」が否応なく問われることになったのです。

　コロナ禍の休校期間中に，多くの教育委員会で，著者が

小学講座・算数の講師を務めている「スタディサプリ」（リクルート）のオンライン学習サービスが取り入れられました。

その理由は明確で，オンライン学習サービスで提供される授業の質が高いからです。実際，「私のクラスの先生よりも，スタディサプリの先生の授業の方がわかりやすかった」という声を，多数耳にしました。

本書では，以上のようなことを踏まえ，一方向の動画配信によるオンライン授業作成で蓄積したノウハウを紹介します。

ただし，この本で紹介するのは，「オンライン授業のつくり方」ではありません。**教室で行われるリアルの授業でも，一方向の動画配信で行われるオンライン授業でも通用する，"ニューノーマル（新常態）"とも言える授業スキルを紹介する本**とお考えください。

「授業の質」が改めて問われている今，あなたの教室の授業，あるいはオンライン授業の質を高める一助としてご活用いただければ幸いです。

2021年3月

尾﨑　正彦

購入者限定公開の授業
動画へのアクセス方法
については，p098を
ご覧ください。

Contents
もくじ

はじめに

第1章
なぜその授業動画は
学力を向上させ得るのか

第2章
教師は俳優になれ！
算数授業スキル ニューノーマル
基礎編

第3章

授業の前後，細部にもこだわれ！
算数授業スキル ニューノーマル 応用編

第4章
ビジュアルに解説！
算数授業スキル ニューノーマル
実践編／069

2年「たしざん」単元の1時間のオンライン授業動画
（キャプチャ画像）を通して，第2，3章で取り上げた
授業スキルの実際を見ていきます

第5章
オンライン授業の先に
待ち受ける世界

おわりに

第 **1** 章
なぜその授業動画は
学力を向上させ得るのか

1 授業動画だけで東大合格

　スタディサプリは，リクルートが提供するインターネットを使った授業動画配信を中心とする学習サービスです。かつては「受験サプリ」という名称で配信されていました。若い先生方の中には，この「受験サプリ」で大学受験勉強に取り組んだ経験のある方もいらっしゃるかもしれません。

　現在，スタディサプリの授業動画提供範囲は小学校4年〜高校3年までに及び，提供する授業は国語，算数・数学，英語などの主要教科全般にわたっています。

　数年前，現役高校生がスタディサプリだけの受験勉強で東京大学に合格しました。スタディサプリ以外の受験を目的とした塾などには一切通っていませんでした。

　他の授業動画配信の多くは，塾等の教室で授業動画を視聴し，各教室には，サポート役の先生がいます。動画を見終わった後は，サポート役の先生から個別に指導を受けることができるわけです。

　一方，スタディサプリには全国展開する教室は存在しません。子どもは，家庭や学校で授業動画を視聴し，自分で学習を進めます（現在のスタディサプリには，オプションとしてコーチングサービスがあります）。

　この事実だけでも，如何に質の高い授業動画が提供されているのかがおわかりいただけると思います。

2 一方向の動画配信でも学力は向上する

　オンライン授業動画の配信は，コロナ禍の影響で全国の学校現場にも一気に広がりました。

　オンライン授業の方法は，大きく分けて2つあります。

> ①一方向の動画配信
> ②双方向の動画配信

　「オンライン授業」と聞いてイメージするのは，②の双方向の動画配信スタイルが多いのではないでしょうか。

　これは，教師と子どもが同時にパソコンに向かい，ライブで授業が展開されるスタイルです。教師は画面に映った子どもを指名して，考えを発表させることができます。また，疑問がある子どもは，その場で教師に質問を行うことも可能です。従って，学校での実際の授業スタイルに近いのが，この双方向の動画配信であると言えます。

　一方で，一方向の動画配信は，あらかじめ撮影した授業動画を，子どもがダウンロードして視聴するスタイルです。したがって，原則としてその場で子どもが意見を発表することも，質問をすることもできません。この視点で考えると，「一方通行の授業」とも言えます。

このように両者を比較すると，双方向の動画配信が圧倒的に効果的であるように感じられます。

しかし，先述の通り，一方向の動画配信であるスタディサプリだけで東京大学に合格する生徒が輩出されているという事実があります。これは，一方向の動画配信でも，十分に学力を向上させる，質の高い授業ができるということを物語っていると言えます。

私は，スタディサプリ小学講座の算数を担当していますが，小学校や中学校の講座も，高校と同様に，基本は一方向の動画配信です。

東京都区内のある中学校の2年生を対象に，このスタディサプリを使った実証実験が行われました。これは，到達度テストを受け，生徒個別の苦手分野を把握したうえで，家庭学習においてドリル学習と動画視聴を行う，学び直し教材（小学4年～6年の範囲）としての活用の実証実験です。

●到達度テストの平均点が実証前後で平均20点向上しました。

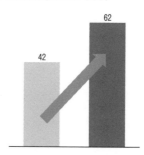

42

62

前ページのグラフが示す通り，到達度テストの平均点は，実証実験の前後で平均点が20点向上しました。

　生徒のアンケートによると，「動画だからテキストを解くより理解できた」と，動画による学習を肯定的に捉えた回答も見られます。

　ちなみに，ドリル学習については，下のグラフが示す通り，学力下位層において，学力向上とドリルの利用量（ドリルの解答数）に特に相関性が見られました。

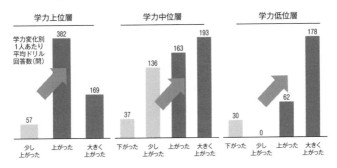

　このように，高校よりも低い学齢においても，一方向の動画配信を含むオンライン学習で学力を向上させることができるということです。

3 核心は「授業の質」

　ここまで読まれた読者のみなさんの中には，

　「一方向であっても，双方向であっても，オンライン授業で学力が向上するのであれば，学校が休校になっても問題ない」

と考えられる方が多くいるかもしれません。

　休校期間中のマスコミ報道にも，

　「オンライン授業を行えば学力の保証ができる」

　「早急にオンライン授業を大規模展開しよう」

といった論調が見受けられました。

　ここで読者の先生方に改めて問いたいと思います。

　「オンライン授業を行えば，本当に学力を向上させることができるのでしょうか？」

　私の答えは，

　「それは，行われる『授業の質』による」

です。

　コロナ禍の休校期間中に全国各地で急遽展開されたオンライン授業についても，単にプリントだけを配付する宿題スタイルの課題と比べれば効果的だったことは間違いありません。

　一方で，その中のどれぐらいが，前述のスタディサプリ

の実証実験で見られたような成果を上げたと言えるでしょうか。

　これは，「オンライン授業で配信される『授業の質』が，学力向上を左右している」ということに他なりません。

　一方向の動画配信であるスタディサプリで学力が向上したのは，そこで配信される授業の質が高いからです。授業の質が高ければ，たとえ一方向であっても，子どもは集中力を切らさずに動画を視聴し続けることができるということです。

　授業の質によって子どもの学力に差が生まれるということは，教師であればだれもが実感していることでしょう。その実感がオンライン授業に当てはまるのも，また当然のことなのです。

4 AL は一方向授業でも 実現できる

　コロナ禍の休校期間中に，多くの学校や教育委員会がオンライン授業動画の配信に乗り出しました。緊急事態への迅速な対応は評価に値するものですが，私たち教師自身は，授業動画を配信することだけで満足していては，教師の役割を果たしているとは自信をもって言いきれません。

　言うまでもなく，子どもの学力を向上させることこそが，教師の最大の役割です。例えば，2020年度から全面実施された小学校の学習指導要領の目玉の１つとして，「主体的・対話的で深い学び」（いわゆるアクティブ・ラーニング）の実現がありますが，知識・技能の定着を目的とするだけの授業動画では，その実現やそこで求められている学力の向上には残念ながら寄与しないでしょう。

　私が講師を務めるスタディサプリ・小学講座（算数）の授業構成は，実は単なる知識の教え込みスタイルではありません。一方向の動画配信ではありますが，子どもたちから問いを引き出すことを，どの単元でも授業の出発点として位置づけています。さらには，子どもから生まれた問いをきっかけに，子どもが学んだことをさらに深めていく授業構成にもなっています。

　一方向の動画配信には，「子どもは目の前の動画を単に

見ているだけだから受動的学びしか生まない」というイメージがあるかもしれません。しかし，映像コンテンツのつくり方などを含めた教師の授業スキルによって，子どもの学びは主体的になり，さらには深い学びへと展開することも可能なのです。

　そして，その成果が子どもの学力向上へとつながったことは，実証実験で証明されている通りです。

　では，具体的にどのような授業スキルを磨けば，「主体的・対話的で深い学び」につながるオンライン授業を構成していくことができるのでしょうか。また，当然のことながら，教室で行われるリアルの授業においても，「主体的・対話的で深い学び」の実現は求められています。「主体的・対話的で深い学び」を実現するためには，どのような授業スキルが求められるのでしょうか。

　そこで，第2章以降では，一方向の動画配信によるオンライン授業，教室で行われるリアルの授業，いずれにおいても「授業の質」の向上に貢献する授業スキルを詳しく紹介していきます。

第 **2** 章
教師は俳優になれ！
算数授業スキル　ニューノーマル
基礎編

1 授業は「台本」で決まる

　ここからは，一方向の動画配信によるオンライン授業づくりを通して得られた知見をベースに，オンラインとリアル，どちらでも通用する算数の授業スキルを詳しく紹介していきます。

　オンライン授業づくりを進める際には，まずはじめに「**授業の台本づくり**」を行います。

　この台本の出来次第で，オンライン授業の成否が決まります。つまり，**画面の向こう側の子どもが食い入るように授業を視聴するか否かが，台本で決まる**わけです。

　このことは，教室で行われるリアルの授業でも概ね同じことが言えます。台本（授業構成）をしっかりと考え抜いておくことは，子どもをひきつける授業，子どもの学力を向上させる授業を行ううえで不可欠です。

　さて，台本を作成するうえでの基本となるコンセプトがあります。それは，オンライン授業であっても，リアルの授業であっても同じで，**学習指導要領の趣旨を踏まえて作成する**ということです。とりわけ，「主体的・対話的で深い学び」につながることを意識することが重要です。

　例えば，「問題の解き方を教え，その後は練習問題に取

り組む」というような台本ばかりであれば，これは学習指導要領の趣旨に合致しておらず，「主体的・対話的で深い学び」とも言えません。

　もちろん，単元の一部に知識・技能の定着のみをねらう動画や授業があるのは構わないのですが，単元すべてが知識・技能を教え込むような台本で構成されていたら，それは問題です。

　「主体的・対話的で深い学び」につながる姿を引き出すためには，どのような教材を提示すればよいのか。

　どのように教材を提示すれば，子どもからの問いを引き出すことができるのか。

　子どもから生まれた考え方を，どのように授業の舞台で構成していけば，学びは深まるのか。

　以上のような視点は，授業の台本を考えるうえでの重要な視点となります。これらは，授業改善の視点として，多くの学校の校内研修で取り組まれている研修内容そのものではないでしょうか。

　ですから，難しく考える必要はないので，これらの一つひとつを丁寧に落とし込んでいくイメージで，授業の台本を考えればよいわけです。

　特に，新しい学習指導要領では，**子どもの問いを引き出す授業を構成すること**を求めています。このことを強く意識して，子どもの問いを引き出す授業構成（台本）を考えていくことが大切です。

そのためには，

「それってどういうこと？」

「あれっ，きまりがあるぞ！」

といった**リアルな子どもの声をイメージすることがポイン
ト**になります。

　ちなみに，2020年春に惜しまれつつ亡くなった志村けん
さんは，ご自身の著書『変なおじさん完全版』の中で，舞
台について「完全な台本のうえにアドリブをプラスする」
という趣旨のことを述べられています。

　お笑いの天才と言われた志村さんであっても，完全なま
での台本を作成していたのです。当意即妙とも言えるよう
なアドリブやお客さんの反応に応じた修正も，完全な台本
のうえに生まれてくるということです。

　このことは，授業についても同じことが言えるでしょう。
**完全と言えるような台本を考え抜いて臨むからこそ，実際
の授業での子どもの反応にも臨機応変に対応することがで
きる**のです。

2 台本=セリフ集ではない

　ここからは，授業の台本づくりの実際について考えていきます。

　オンライン授業でも，リアルの授業でも，劇の台本のように，一言一句をすべて書き出したような台本は必要ありません。第一，それを毎時間分つくっていたら膨大な時間がかかってしまうので，現実的ではありません。

　台本には，「１時間の授業の流れがわかる内容が最低限記述されていること」が必要です。

　この最低限必要な内容とは，具体的には次のことです。

> ○本時の主課題
> ○発問
> ○予想される子どもの反応
> ○発問→子どもの反応をその後どのようにつなげていくのかがわかる展開の流れ

　次ページに掲載しているのは，私が実際に授業動画作成のためにつくった台本です。

　本時の主課題や教師の発問だけではなく，「きまりがある？」「あれ？」といったように，予想される子どもの反

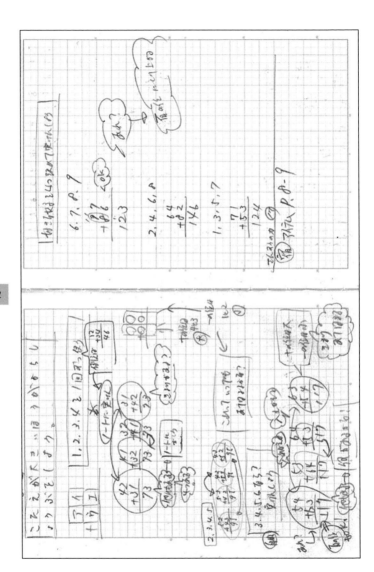

応をリアルな表現で位置づけていることがおわかりいただ
けると思います。

　経験が浅い先生の場合，もう少し台本の情報量は増やし
た方が安心できるかもしれませんが，いずれにしても，逐
語的に書いていくのではなく，**子どもの反応も位置づけな
がら，自分自身がリアルに授業の様子を描くことができる
ことが何より大切**です。

3 文字の大きさを強く意識する

　授業動画撮影を行う際の基本中の基本があります。それは，板書の文字を大きめに書く，ということです。

　オンライン授業で子どもたちが使う機器は，タブレットや PC が中心です。しかし，子どもによってはスマートフォンを使って動画配信を視聴する場合があります。

　したがって，オンライン授業用の板書は，普段の授業よりも文字を大きめに書くことが大切になるのです。板書には，問題文以外にも，問いを解決するためのキーワードなども書かれていきます。それらも含め，すべて大きめの文字で板書するのです。常に「スマートフォンで子どもは授業を視聴する」という意識をもって板書することが大切なのです。

　このことは，オンライン授業に限った話ではありません。通常の教室における授業でも同じことで，子どもにとって見難い板書は，学力の保障を大きく妨げます。

　オンライン授業ではタブレットやスマートフォンに画像を指で拡張して見る機能がついていますが，板書を見るたびにそれをしていたら大変です。リアルの授業にはもちろんそんな機能はありません。

　そこで，簡単にできることとして，**自分の板書を教室の**

一番後ろの席から確認し，文字が小さくて，見えにくいと感じる箇所がないかチェックすることをおすすめします（オンライン授業であれば，タブレットやスマートフォンのサイズで見てみます）。

　ちなみに，大きめの文字で板書する授業動画の撮影では，カメラ割りを考えることも状況に応じて必要になります。文字が大きいために，黒板の端から端まで文字や数字・図形など埋め尽くされる可能性があるからです。

　例えば，算数授業の前半で使う板書エリアは，黒板の左側です。したがって，カメラも黒板の左半分だけをアップで撮影します。

　授業が進んでいき，板書エリアが真ん中を越える時間帯

から，今度は黒板右側だけをアップにします。これなら，
常に板書の文字が見やすい状態を維持できます。

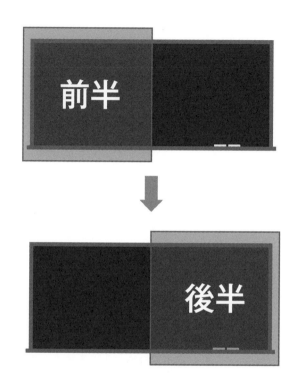

4 モナリザから学ぶ教師の視線

　パリのルーヴル美術館に展示されているモナリザは，どの方向から見てもモナリザに常に見られているように感じるといいます。そこが，モナリザという絵画の魅力の1つであるとも言われています。

　また，人は目の前の人から常に見られることで，適度な緊張感を覚えます。

　同様のことは，教室という空間でも起きています。

　席に座っている子どもの目の前には，常に教師がいます。その教師から常に見られているという緊張感が，授業中の子どもにはあります。だからこそ，子どもたちは姿勢を正して授業に参加するのです。このことを教師の立場から考えると，それだけ**授業中の視線の配り方は重要であるということ**です。

　では，オンライン授業の場合にも，視線で適度な緊張感を生み出すことはできるのでしょうか。目の前のタブレットなどの端末の画面に，教師の姿が映ってはいます。しかし，それはあくまで画面越しで，教室にいるときの空気感とは異なるため，オンライン授業のときには姿勢を崩し，結果として緊張感を失ってしまう子どもが少なくないのです。

しかし，適度な緊張感を生み出す方法があります。それが，モナリザの視線です。

授業動画を撮影する際に，**「どの方向から見ても常に見られているように感じる」**というモナリザの視線を活用するのです。

具体的には，**常にカメラ目線を意識する**のです。授業動画のカメラ目線とは，撮影時には常にビデオカメラのレンズを見続けて授業を進めるということです。

カメラ目線を意識して授業動画を撮影したら，その動画を子どもになったつもりで視聴することをおすすめします。正しくカメラ目線が意識できていれば，常に先生が自分を見つめている感覚が得られます。

このことによって，リアル授業の教室と同じとまではいかないものの，適度な緊張感状態を生み出すことができるのです。

ちなみに,「カメラ目線を意識する」というのは, 簡単なように思えて, 実は案外難しいことです。

　読者の先生方も, ご自身が撮影した授業動画をよく見てください。目線がキョロキョロしたり, 目線が下がったりする場面がないでしょうか。

　このように, 常にカメラのレンズを見つめて授業をし続けることは, 実はかなり難しいのです（私もスタディサプリの動画撮影当初は, カメラ目線が意識できなくて, ずいぶんと叱られたものです…）。

5 オーバーなリアクションで
一体感を生み出す

　和太鼓の生演奏を聴いたことがあるでしょうか。私の故郷である新潟県の佐渡は，世界的な和太鼓集団・鼓童の本拠地です。佐渡では毎年８月に「アースセレブレーション」という鼓童のコンサートが行われます。観客の半数は外国人です。「アースセレブレーション」は野外コンサートですが，そこで演奏される和太鼓の迫力は凄まじいものがあります。体の奥底にまで太鼓の響きが伝わってきます。演奏者と観客の一体感は最高潮に達します。

　リアルの授業も，和太鼓のコンサートと同じ，いわば生のコンサートです。**教師のパフォーマンスが子どもを引き込み，教室に一体感が生まれる**のです。

　ライブではないオンライン授業まで想定すると，教師と子どもの間に一体感を生むための工夫は，特に重要です。

　ポイントは，**教師のオーバーなリアクション**です。子どもは，それだけで覚醒します。

　NHK・Eテレの子ども向け番組を視聴されたことがあるでしょうか。そこに登場する役者さんの演技は，必要以上にオーバーアクションです。ただでさえ集中力が長続きしない子どもをテレビ越しでも集中させ続けるためには，このようなオーバーアクションが必要なのです。

　右の写真は，２年生「長さ」の授業動画の１コマです。

この写真を見るだけでも，かなりのオーバーアクションで
あることがおわかりいただけるのではないでしょうか。

えっ，今なんて言ったの？

なるほど，そういうことか！

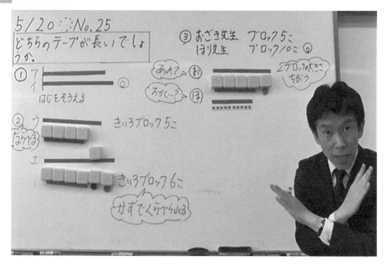

○○のやり方なら OK なんだね！

△△のやり方はダメなんだね！

子どもの前であれ，カメラの前であれ，オーバーアクションで授業を行うのははずかしいことです。

　しかし，リアルの授業でもオンライン授業でも，教師が思っている以上に，子どもの（予想される）反応に対してオーバーにリアクションを取ることは効果的です。ぜひ，**羞恥心を捨ててチャレンジしてみてください。**

　ちなみにオーバーアクションでの動画撮影を継続していると，俳優になったような気分になってきます。そして，やがてはオーバーアクションで授業を行うことが快感になってきます。それが普段の授業でも自然にできるようになり，生の授業もさらなる盛り上がりをみせるように進化していくのです。

033

6 書くために十分な時間を確保する

オンライン授業では，子どもたちはタブレットや PC の前で動画を見ています。どれだけ動画をうまくつくっても，何もしなければ子どもは動画をただ見るだけになってしまいます。動画をただ見るだけの学習でも，そのときはわかったつもりになるかもしれませんが，学習内容はすぐに忘れてしまいます。

では，子どもが視聴した学習内容を忘れないようにするためには，どうしたらよいのでしょうか。答えは簡単です。動画を一時停止するように指示し，ノートに書く時間を確保するのです。オンライン授業においても，適宜，自分の考えをノートにまとめたり，板書を写したりする時間を設定することが大切なのです。

下の写真は，はなればなれになった2本のテープの長さ

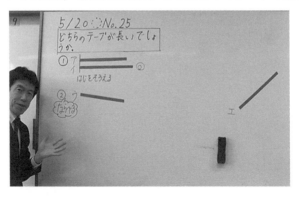

を，このままの状態で比べる方法を考える場面です。その方法をノートに書かせるため，次のように指示しています。

「赤と青の２本のテープの長さをどうやったら比べられるかな？　ビデオを止めて，比べ方をノートに書きましょう」

動画を一度止めて，自分の考えをノートにまとめることで，子どもの視線は画面からノートへと移動します。動画視聴は，リアルの授業より目も脳も疲れやすいため，動画を止めて画面からノートへと視線が移動することが何回かあることで，こうした疲労感が緩和されると同時に，授業への集中度も再び高まっていきます。

次の写真は，板書された内容をノートに視写するように指示している場面です。

「ここまでのところを，ビデオを止めてノートに書きましょう」

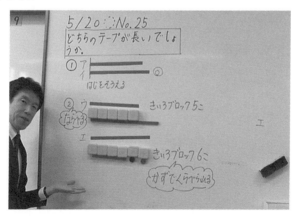

実は，一方向の動画配信の大きなメリットの1つがここにあります。つまり，**自分のタイミングで動画を止めたり，再生したりすることができる**のです。

　ノートを写すことが苦手な子どもが，ゆっくりと時間をかけてノートを写しても，だれにも迷惑はかかりません。

　では，教室で行うリアルの授業ではどうでしょうか。当然のことながら，動画と違って，子どもが自分のタイミングで授業を止めることはできません。**それができるのは教師だけ**です。

　しかし，日常の授業の中で，早く黒板をノートに写すように急かしたり，多くの子どもがまだノートを写している途中で一方的にその時間を切り上げたりしてはいないでしょうか。

　このように，オンライン授業と対比して考えることで，リアルの授業でも，書くために十分な時間を確保するということがいかに大事であるかが見えてきます。

7 間のない授業は
間抜けな授業

「赤と青の2本のテープの長さをどうやったら比べられるかな？　ビデオを止めて，比べ方をノートに書きましょう」
と投げかけ，子どもたちに自分の考えをノートに書く時間を保障する，オンライン授業の一場面を前項で紹介しました。

しかし，授業の中には，ノートに書く時間は設定していないものの，子どもに問題を投げかける場面というものもあります。

例えば，次ページの写真は，計算ピラミッドに取り組んでいる授業の1コマです。ピラミッドの最下段に左から順に10，20，30の数字を入れて計算を行いました。最上段の答えは80になります。

次に，ピラミッドの最下段の数字を左から順に10，30，20に入れ替えました。

ここで次のように子どもに投げかけたのが，次ページの写真です。

「数字の順番を入れ替えてもピラミッドのてっぺんの答えは80になるかな？」

一方向の動画では，ここで「ビデオを止めて」と教師が

指示をしないと，動画を見て学習している子どもは，動画再生を続けます。

　そして，その後すぐに，

　「同じ80になるに決まっているよね」

と教師が投げかけたら，このときの子どもの頭の中はどうなるでしょうか。

　「あれ？　先生が『数字の順番を入れ替えてもピラミッドのてっぺんの答えは80になるかな？』と聞くからその答えを考えていたのに…。すぐに先生が答えを言うなら，もう先生が質問しても考えるのはやめよう」

　おそらくこんなふうに考えてしまうのではないでしょうか。このようなことが続けば，動画を真剣に見ようという意欲そのものが減退していきます。

　このような問いかけを行う場面は，リアルの授業にもよくあります。

教室で授業を行っていたら，

「今度も80だよ」

「違うでしょ。もっと大きくなるんじゃない？」

などとすぐに子どものリアクションが生まれてくることも

あるでしょう。

　しかし，すぐに子どもからリアクションが生まれてこな

いこともあります。そんなとき，先の例のように，

「同じ80になるに決まっているよね」

と，教師のペースでどんどん授業を進めてしまったらどう

でしょうか。

　問題を投げかけておきながら，すぐに教師が自分で答え

を説明してしまっては，子どもは考えることを放棄してし

まいます。

　では，このような状況に陥らないためにはどうしたらよ

いのでしょうか。それは，**教師から子どもに問いかけを行**

った後，3秒程度の「間」をつくるということです。間を

空けた後で，次の言葉を発します。

　「たった3秒」と感じるかもしれませんが，オンライン

授業でも，リアルの授業でもよいので，一度実際に3秒と

いう時間を心の中でカウントしてみてください。「たった

3秒」が意外に長く感じられるはずです。

　これは子どもにとっても同じで，特にオンライン授業で

動画を止める指示を出さないような状況での問いかけは，

それほど思考に多くの時間を要しない場合が多いので，た

った3秒の間でも，十分に考えることができます。

8 動的スキルで
子どもを引き込む

一方向の動画配信によるオンライン授業には，授業者にとって1つ大きな難点があります。それは，子どもの声が教師には聞こえないということです。

これは，子どもの立場で考えると，自分の思いが教師に届けられないという問題であるとも言えます。

そこで，私が講師を務めるスタディサプリの動画では，この問題をクリアする工夫を行っています。**教師の問いかけに対して，まるで子どもの声や思いが聞こえるような演技を行うこと**です（これが先に紹介した「オーバーなリアクション」です）。この演技を取り入れることで，まるで教室で授業を受けているような仮想空間を演出することが可能になります。

オンライン授業と多少程度の差があるとはいえ，教師に演技力が求められるのは，教室で行うリアルの授業であっても同じことです。教師の問いかけに対して子どもから大きな反応があったら，教師もそれに負けないぐらいの大きな反応をして，さらに授業を展開していく。このような教師と子どものやりとりで授業に一体感が生まれ，受け身で授業に臨む子どもが減り，結果として学級全員の学力が保障されることになります。

このページの一番下の写真は，「答えが大きい方が勝ち　勝負をしよう」という（十の位）＋（十の位）の計算練習での1コマです。

　1，2，3，4の4枚の数字カードを「□□＋□□」に1枚ずつ当てはめ，答えが最大になる式をつくる問題に取り組んでいきます。

　写真にあるように，

$$42 + 31 = 73 \qquad 41 + 32 = 73$$
$$32 + 41 = 73 \qquad 31 + 42 = 73$$

という4つの式が生まれてきました。

　ここで，一方向の動画配信によるオンライン授業であれば，予想される子どもの声が聞こえた演技を行うのです。具体的には，下の写真のように，**耳に手を当てて，身を乗り出すようにして，子どもの声を注意深く聞き取るポーズを取る**のです。

そして，以下のように言葉を投げかけます。

「えっ，『きまりがある』って声が聞こえるよ」

「十の位に秘密があるの？　どういうこと？」

同様の場面は，教室で行うリアルの授業にもあります。問題を提示して，しばらく各自で考える時間を取ると，次のようなつぶやきが聞こえてくることがあります。

「あれっ，きまりがある！」

ここで，先のようにポーズを取り，

「えっ，『きまりがある』って声が聞こえるよ」

と全員に問い返してみるのです。

最初ははずかしさを覚えるかもしれません。しかし，このような**非言語の動的スキル，つまり演技は，１時間集中して授業を受けることがまだ難しい発達段階の子どもを授業に引き込むことなどに大変有効な方法**です。

ちなみに，コロナ禍で休校期間中に私の授業動画を見ていた子どもたちの中には，画面の私に必死に声を上げて反応していた子どももいたそうです。まさに，子どもが仮想空間を実態空間と錯覚するほどの効果があった証拠と言えるでしょう。

9 子どもの目，集中力を ケアする

これは，一方向の動画配信によるオンライン授業についての話です。

通常の教室での授業時間は45分ですが，一方向の動画配信によるオンライン授業も，45分間の動画で構成すればよいのでしょうか。

これまでにも述べてきたように，実際には子どもが動画を一時停止してノートに自分の考えを書く時間が必要です。また，動画を一時停止して板書をノートに視写する時間も設定する必要があります。

これら諸々の時間を勘案すると，実は**動画の時間そのものは最大で20分程度**なのです。

また，一時停止して画面から目を離す時間があるとはいえ，20分を超える動画の視聴は，子どもの目にかなりの負担がかかることを認識しておく必要があります。

実際，多くの眼科医が，今回のコロナ禍で進められたオンライン授業で子どもが動画視聴を継続することが，目に悪影響を及ぼすことを警告しています。また，コロナ禍でオンライン授業を受講した私の担当する学年の子どもの保護者から，次のような声を頂戴したことがあります。

「国語・算数の動画を2時間続けて見たら，子どもの目

が疲れているようです。3時間目の生活科の動画は，休けいしてから午後に視聴してもよいでしょうか」

2時間連続といっても，このときは10分＋20分の授業動画視聴でしたが，子どもの目にはかなり負担がかかることを物語っています。

このような実態からみても，1授業における動画の視聴は20分が限界だろうと考えています。

ちなみに，私が担当するスタディサプリの授業動画は，1チャプター10分程度で作成されています。1つの授業は，10分×4コマ構成になっています。1コマ目の10分間の授業で疲れたら，少し休けいしてから2コマ目の授業を視聴しても構わないのです。

子どもの集中力という観点から考えても，やはり10～20分程度が妥当な視聴時間だと言えます。

一方向の動画配信によるオンライン授業には，動画を好きな時間に視聴できるというよさがあります。前述の保護者からの声にもあるように，目が疲れたら十分に目を休ませてから次の動画を見ることができるわけです。

一方，リアルの授業では，タブレット端末等で視聴するオンライン授業とは異なり，目の疲れというのは多くの場合そこまで深刻な問題ではないでしょう。しかし，**子どもの集中力がどれぐらいもつのか，という点に関しては，目の前の子どもたちの実態に鑑みて，しっかりと把握しておく必要があります。**

10 とにかく，羞恥心を捨てろ!

　本章では，ここまで，一方向の動画配信によるオンライン授業づくりを通して得られた知見を基に，オンライン授業でもリアルの授業でも通用する授業スキルについて考えてきました。

　振り返って概観してみると，オンライン授業でもリアルの授業でも，「オーバーなリアクションを取る」「子どもの声を注意深く聞き取るポーズを取る」などの動的スキル，つまり演技が1つのポイントになっていることがおわかりいただけると思います。

　この動的スキルをうまく使いこなすには，いわゆる演技力ももちろん重要ですが，それ以前の問題として，とにもかくにも「羞恥心を捨てる」ということが必要になってきます。

　私が授業名人として尊敬している田中博史先生や有田和正先生は，ともに演技力抜群です。その大げさなまでの演技力に，子どももぐいぐいと授業に引き込まれていくのです。

　私が若いころに受けた研修で，ある講師の先生が，次のように述べられました。

「学校の先生が教師としての腕前を上げるためには，俳

優になる必要がある」

　いつの時代にも，教師の授業スキルとして演技は必須なのです。

　ですから，再三述べているように，羞恥心を捨てて演技にトライしてみてください。

　実際に目の前に子どもがいるわけではないので，**授業動画づくりというのは，ある意味で羞恥心を捨てて演技をするのに最適なトレーニングの場**ということもできると思います。撮影を始めて数時間もすると，羞恥心はやがて快感に変わっているはずです。そうなったときは，画面の前，あるいは目の前の子どもたちも，あなたの授業に快感を覚えているはずです！

第 3 章

授業の前後，細部にもこだわれ！

算数授業スキル ニューノーマル
応用編

この章では，オンライン授業，そしてリアルの授業をさらにレベルアップするための方法を述べていきます。

1 子どもの声で 「深い学び」を具現化する

　昨年完全実施された新しい学習指導要領が目指す「主体的・対話的で深い学び」（いわゆるアクティブ・ラーニング）を，オンライン授業でも目指す必要があることは，第1章の最後で述べました。

　「主体的な学び」については，第2章の台本づくりの項でも述べたように，教材開発や課題提示の工夫を行うことで具現していくことができます。

　「対話的な学び」については，第2章で見た子どもの声が聞こえてくることを想定した演出で，リアルの授業と同様の仮想空間を生み出すことができます。

　さて，問題は「深い学び」です。

　そもそも「深い学び」とは，どのような子どもの姿を引き出すことなのでしょうか。この捉えが間違っていたら，オンライン授業でもリアルの授業でも，それを具現化することはできません。

　「深い学び」とは，難しい問題に挑戦することだと考えている方がいるかもしれません。しかし，それは「深い学

び」ではありません。

「深い学び」とは，**それまでの学びを基に子どもたち自身が新しい学習場面をつくり出していくような学習**のことです。

例えば，前章で計算ピラミッドの学習場面を紹介しました。ここでは，ピラミッドの最下段に入れる3つの数字を10，20，30で授業を始めました。この3つの数字は，教師が指定したものです。授業では，ピラミッドの最下段の真ん中に30を入れると，ピラミッド最上段の答えが最大になることを発見していく展開へと進んでいきました。子どもが「深い学び」の世界へと入るときは，この瞬間に現れます。

リアルの授業であれば，次のような子どもの声をきっかけに「深い学び」の世界へと入っていきます。

「真ん中が30なら答えが一番大きくなるんだね」

「本当だ！　いつでも真ん中が一番大きい数なら答えも一番大きくなるね」

「えっ，それは違うんじゃない。10，20，30はそうだけど，30，40，50とかの別の数字になったら違うかもしれないよ」

「大丈夫だよ。一番下が30，40，50でも，20，30，40でも，真ん中を一番大きい数字にすればいいんだよ」

10，20，30は教師が指定した数字です。しかし，ここでは子どもたちが30，40，50などの新しい問題場面を設定して，きまりの一般性が当てはまるか否かを議論したのです。

リアルの授業には，このような「深い学び」の世界に入るきっかけとなる子どもの言葉が必ずあります。教師はこのような言葉を見逃すことなくキャッチしなければならないのです。

さて，では，一方向の動画配信によるオンライン授業ではどうすればよいのでしょうか。

ここでポイントになるのが，第2章で紹介した，「オーバーなリアクションを取る」「子どもの声を注意深く聞き取るポーズを取る」などの動的スキル，つまり**教師の演技**です。

この演技を効果的に行うことで，一方向の動画配信によるオンライン授業であっても「深い学び」を具現化することができます。

「『いつでも真ん中が大きい数なら答えは大きくなる』って声が聞こえるよ」

　「あれっ？　『違う』って声が聞こえるよ」

　「なになに…，『30，40，50なら違う』って声が聞こえるよ。みんなはどう思うかな？」

　ここまで読めばおわかりいただけると思いますが，リアルの授業でも，オンライン授業でも，「深い学び」を実現するためには，「深い学び」の世界に入るきっかけとなる子どもの声を事前に十分に予想しておくことが大きなポイントになってきます。

051

2 自主学習につながる エンディング

「深い学び」には，期待したいもう１つの姿があります。それは，**授業，あるいは動画視聴が終わった後も，子どもがそこで学んだことをさらに深掘りして学び続けていく姿**です。

これは特に，一方向の動画配信によるオンライン授業では具現化するのがかなり難しいことです。

しかし，私の経験上，次の２つのポイントを意識すれば，子どもが学んだことを自らさらに深掘りしていくような「深い学び」につながる授業にすることが可能になると考えています。

①子どもが続きを考えたくなるような授業の終わり方を行う。

②授業の最後に，教師から「他の○○でも，みんなが見つけたきまりは当てはまるのかな？」などの問いかけを行う。

「①子どもが続きを考えたくなるような授業の終わり方

を行う」は，「**オープンエンド**」とも呼ばれる授業方式です。

　具体例を紹介します。

　下の写真は，2年生「たしざん」の授業の一コマです。

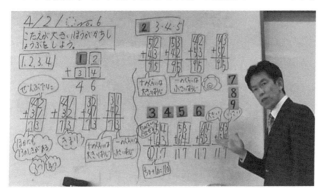

　1～4の4枚の数字カードを□□＋□□に当てはめ，答えが最大になる計算をつくる問題でスタートしました。最大の答えは73，その式は4種類あります。この4種類の式から，子どもたちは「たされる数・たす数の十の位に大きい数字カードを入れる」「たされる数・たす数の一の位に小さい数字カードを入れる」秘密を発見しました。

　その後，子どもたちが見つけたこの秘密が，2～5の4枚の数字カードでも当てはまるのか，3～6の4枚の数字カードでも当てはまるのかを計算で確かめました。その結果，いずれの場合でも子どもたちが見つけた秘密通りに数字カードを並べることで，答えが最大になるたし算をつくることができることが確かめられました。その直後の場面が，写真の一コマです。

これまでに子どもたちが確かめた数字カードの組み合わせは，「1～4」「2～5」「3～6」の3通りのみです。数字カードの組み合わせは，まだ他にも多数あります。また，写真にもある通り，まだ使っていない数字カードも7，8，9と3枚も残っています。

　この段階での子どもは，自分たちが見つけた答えが最大になるたしざんの式づくりの秘密が，本当にすべての数字カードの組み合わせにも当てはめられるのか100％の自信はまだ十分にはもてていないはずです。そして，**不安があるからこそ，まだ調べていない数字カードで計算をしてみたくなる**のです。

　このように，「続きを考えてみたい」と思わせるような授業の終わり方にすることで，子どもの「深い学び」を引き出すことへとつながっていきます。

　このような授業構成は，「一般化」と呼ばれる数学的な考え方をはぐくむことにもつながっていきます。

　続いて，「②授業の最後に，教師から『他の○○でも，みんなが見つけたきまりは当てはまるのかな？』などの問いかけを行う」ことについて考えてみます。

　前述の①のような授業構成でも，子どもは自ら「深い学び」へと学習を進めていくことができます。しかし，特に，一方向の動画配信によるオンライン授業を受けている子どもたち全員にそれを求めるのは，かなり厳しいと言わざるを得ません。

そこで，最後に，

「他の○○でも，みんなが見つけたきまりは当てはまるのかな？」

と「深い学び」につながる問いかけを，教師から子どもに行うのです。このような教師の促しがあれば，どの子も「他の○○でもきまりが当てはまるのか調べてみよう」と考えるはずです。

「数字カードの組み合わせは4，5，6，7とか他にもたくさんあるね。他の数字カードでもみんなが見つけたきまりが当てはまるのか，自主学習などで実験をしてみよう！」

私が担任している子どもたちは，自主学習に取り組んでいます。そこで，算数授業での学びの続きを，自主学習ノートにまとめるように促したのです。

自主学習で算数授業の続きに取り組んだ子どもがいたら，翌日の授業やオンライン朝の会で紹介することも有効です。クラス全員の前で紹介されることで，子どもたちの「授業

の続きを調べてみたい」という意欲はさらに高まっていきます。

　次ページの写真は，2年「ひょうとグラフ」の学習後のK男の自主学習ノートです。K男は家族のためにカレーライスづくりを行いました。そのときに使った材料の個数をグラフにまとめたのです。

　さらに，その次のページの写真は，カレーライスづくりにかかった調理時間を時計の絵を使ってまとめたものです。「時こくと時かん」の単元は，「ひょうとグラフ」の単元の前に学習したものです。K男はその単元ともつなげて自主学習でカレーライスづくりから算数の学びを深めていったのです。

　このK男の自主学習ノートは，オンライン朝の会で実際に紹介しました。

057

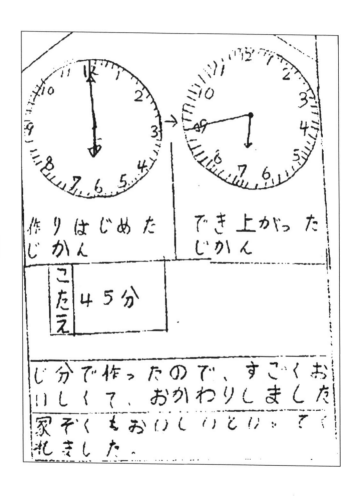

作りはじめた じかん　→　でき上がった じかん

こたえ	４５分

じ分で作ったので、すごくお
いしくて、おかわりしました
家ぞくもおいしいといって
れ、ました。

3 台本は「8割暗記」で 授業に臨む

　これは，一方向の動画配信によるオンライン授業にかかわる授業スキルです。

　オンライン授業における教師の視線（カメラ目線）の重要性については，前章で述べました。

　ところで，この視線の使い方をよりレベルアップするために必要な条件があります。それは，授業（動画）の台本を8割程度暗記して撮影に臨むことです。

　テレビのニュースキャスターを思い出してください。ニュースキャスターは，ニュースを読んでいるときにはほぼカメラ目線です。それができるのは，本番前に何回もニュース原稿を読み直し，その内容を暗記しているからです。これが，まったく原稿を暗記していなかったとしたらどうなるでしょうか。視線は原稿にくぎづけになり，カメラ目線の時間は激減してしまうでしょう。

オンライン授業の上級者を目指す場合も，ニュースキャスターのように授業台本を暗記することが必要です。ただし，100％暗記することは時間的に難しいのが多くの教師にとっての現実なわけですが，授業台本の8割程度を暗記しておけば，ほぼカメラ目線を意識して授業をすることができます。

　しかし，8割程度といっても，必ず暗記しておきたい内容が3つあります。

○発問
○発問に対する子どもの反応
○「あれ？」「たまたまじゃない？」などの授業を方
　向づける子どものつぶやき

　これらは，**1時間の授業の流れのいわば「柱」とも言える内容なので，暗記しておく必要がある**のです。

　一方で，文章題の問題文や計算問題であれば，台本が書かれているノートなどを見ても構わないでしょう。無理してすべての内容を暗記して進めようとすると，間違いが生まれることもあります。リアルの授業なら，その場で訂正することも可能ですが，オンライン授業の動画撮影で内容に間違いがあると，撮影をやり直さなければいけなくなります。そこまでに書いた板書も消さなければならなくなりますし，場合によっては作成した教材をもとの状態に戻さ

なければいけなくなることもあります。これでは，動画撮影に膨大な時間がかかってしまいます。

　ですから，必要なときには台本に視線を落としてもよいのですが，**視線を落とすのは一瞬にするべき**です。長い時間，カメラ目線が外れるということは，動画を視聴している子どもの適度な緊張感の糸が切れることにもつながってしまうからです。

　テレビのニュースキャスターも，長い原稿を読む際には原稿に目を落とすことがありますが，それは一瞬です。また，教師自身も，教室でリアルの授業を行う際，板書計画や授業案のメモに長い時間目を落として確認するといったことはまずしないわけですから，目の前に子どもの姿が見えないオンライン授業であっても，その原則はしっかり押さえる必要があります。

061

4 イメトレでレベルアップを図る

　一方向の動画配信によるオンライン授業では，台本の8割程度を暗記できたら，次に行うべきことがあります。それは，1時間の授業の流れをイメージトレーニングすることです。これは，リアルの授業においても大変役に立つので，ぜひ試してほしいと思います。

　さて，イメージトレーニングとは，具体的に何をイメージするのでしょうか。

　特に重要なのが，次の3つです。

○時間の流れに即した板書の構成（どこに何を書くのか）
○子どもの声を注意深く聞き取るポーズなど，発問に対する子どもの反応を受けたときの教師の動き
○オーバーなリアクションなど，授業に一体感を生む演技

　1点目の板書については，普段の授業でも，板書計画という形で取り組まれている先生もいると思いますが，事前に授業の流れを板書という形でイメージすることは有効です（慣れれば，それほど多くの時間を費やすこともありま

せん）。

　授業のイメージトレーニングを行うことは，舞台俳優がステージ上でリハーサルを繰り返すことと似ています。授業スタートの０分目から授業終末までの動きを，頭の中に描きながら，**動きを伴うものは実際に体を動かしてみることが有効**です。

　「最初に黒板の左上に問題を板書する」

　「『○○って声が聞こえたよ』という驚きの声とともに，大きな拍手をおくる」

　「その『○○』の声を，黒板の問題文の右下に吹き出しで板書する」

　このようなイメージトレーニングを行って，授業動画の撮影，あるいはリアルの授業に臨むのです。

　特に授業動画の撮影の場合，心配であれば，実際に黒板の前でリハーサルを行ってから撮影に臨むのがよいでしょう。「実際の撮影と同じリハーサル」→「撮影」という手順で撮影を行うと，１本の撮影に必要な時間は莫大になります。しかし，これを数回繰り返していくと，やがて頭の中でのイメージトレーニングだけで本番の撮影に臨めるように進化していきます。

5 「先生，見えない」と 言わせない

　これもオンライン授業で特に注意したいことですが，リアルの授業でも気をつけたいことです。

　教室で授業をしていて，板書する場面で，

　「先生，黒板が見えません」

と子どもから言われたことはないでしょうか。

　要するに，**板書をするときの「立ち位置」の問題**です。

　これは，一方向の動画配信によるオンライン授業では特に大きな問題です。子どもが，「先生，黒板が見えません」という声は，決して教師には届かないからです（仮に届いたとしても，動画はすでに撮影済みであるため修正がききません）。

　このように考えると，教師は最低限，板書の文字を隠さない立ち位置を取る必要があるわけです。

　教室の授業では，子どもは黒板の正面だけではなく，左右に分かれて座っています。一方で，一方向の動画配信によるオンライン授業では，基本的に子どもは黒板の正面に座っている設定です。つまり，**黒板の正面に座っている子どもから見て文字が隠れないことを意識して板書を行うことが大切**なのです。

　黒板上部に板書を行う際は，教師の手が上に伸びている

ので文字が教師の体で隠れることはありません。問題は，板書の文字の位置が黒板の中段以下，つまり教師の胸の高さ以下になるときです。カメラに背中を向けた状態で板書を行うと，完全に文字が教師の体で隠れてしまいます。

黒板の中段以下の文字が教師の体で隠れないように板書する方法は，2つあります。

> 1　教師が黒板よりも身を低くして，腕を伸ばして板書する
> 2　板書したい文字の脇に教師が立ち，腕を横に伸ばして板書する

1，2のどちらの方法でも，板書が隠れることはありません。

ところが，1には問題点があります。動画撮影をする際には，板書が大きく映るようにカメラで撮影する外枠は黒板に合わせるのが通例です。1のように教師が身を低くすると，**その場面では教師の姿が画面から消えることになります**（スタディサプリの動画撮影では，教師の姿が画面から消えることは，動画視聴している子どもに不安を与えるために極力避けています）。

そこで私は，2の板書する文字の脇に立って文字を書く方法を採っています。次ページの写真はその一コマで，「きまり」というつぶやきを板書している場面です。「きまり」という文字の右側に立って，右手を伸ばして文字を書

いていることがおわかりいただけるでしょうか。このように
にして板書を行えば，正面から撮影しているカメラには
「きまり」の文字がきちんと映ります。これなら，「先生，
黒板が見えません」という声が上がることはありません。

　このように，文字の脇に立って板書してみると，かなり
書きにくいことを実感するかもしれません。しかし，小学
生向けの板書で気をつけることの基本として，「板書の文
字をできるだけきれいに書く」ということがあげられます。
「小学生のノートの文字は，担任の先生の板書に似る」と
言われます。板書の文字がきれいな先生のクラスの子ども
たちのノートの文字は，きれいになります。
　したがって文字の脇に立って板書をすることが難しいと
感じられる場合は，**文字を書く練習をあらかじめ行ってお
くことも大切**です。

6 不要な場面を削除する

　これは，オンライン授業の動画撮影に関することです。

　動画撮影を行う際，そこにいるのは教師1人であることがほとんどでしょう。つまり，自分でカメラのスイッチを入れて撮影をスタートするわけです。20分の動画撮影であれば，20分間ビデオのスイッチは入ったままです。そして，撮影終了後にスイッチを切るのも教師です。

　この映像をそのまま配信したらどうなるでしょうか。ビデオのスイッチを入れる場面，スイッチを切る場面も動画として配信されることになります。しかし，これらの部分は，動画を視聴する子どもの立場に立ったら不要な場面です。

　また，20分間の撮影途中には，提示する教材を取りに行くために画面から教師が外れる場面が出てくることもあります。教材を取りに行って，戻ってくる場面も，子どもの立場に立ったら不要な場面です。

　このように，台本を8割程度暗記し，授業のイメージトレーニングをしっかり行っても，動画には不要な場面が生まれてしまいます。もちろん，その不要な場面の総時間はそれほど長くはないかもしれませんが，子どもの立場に立ったら，不要な場面はできるだけ削除してもらいたいというのが本音でしょう。

そこで，撮影した映像の不要部分は，映像編集ソフトで編集することをおすすめします。

　私は動画撮影直後に，この作業をパソコンを使って行います。**ポイントは「撮影直後」というところ**です。撮影直後であるから，どこが不要な部分かがすぐにわかります。この作業を翌日などに行うと，そもそもどこが不要な場面だったのかを忘れてしまう場合もあります。忘れてしまうと，撮影したビデオを見返さなければいけなくなり，これでは映像編集にかける時間が無用にかかってしまいます。

　動画視聴が目に与える負担については，前章で述べた通りです。映像編集して削除される時間はそれほど多くはないかもしれませんが，子どもの目に与える負担を減らすという点でも，動画編集を行うことは有効であると言えます。

第 **4** 章
ビジュアルに解説！
算数授業スキル ニューノーマル
実践編

本章では，2年「たしざん」単元の1時間のオンライン授業動画（キャプチャ画像）を通して，第2，3章で取り上げた授業スキルを振り返っていきます。オンライン，リアルのどちらでも通用する授業スキルの実際を感じ取っていただければと思います。

　「答えが大きい方が勝ち勝負をしよう。□□＋□□の□の中に，1・2・3・4の数字カードを入れます」

「数字カードは1回しか使えません」

「例えば，12＋34と数字カードを入れると，答えは46になるね」

> 　視線を1点に集中させ（カメラ目線），文字が隠れないように横に立ちます。また，板書の文字は，大きめに書くことを意識します。

「問題は『答えが大きい方が勝ち勝負』だね」

「46の答えよりも大きくなる式はあるかな？」

「『ありそう』って声が聞こえてきたね！」

> 　オンライン授業でも，最後の一文はひと呼吸の間をつくり，（予想される）子どもの反応を待ちます。

「えっ，なになに…？　他のお友だちからも『答えが46より大きくなる式がありそう』っていう声が聞こえてくるね」

「本当に答えが46より大きくなる式ってあるのかな？」

（オンライン授業は3秒の間）

　「『わかんない』という声も聞こえるね」

授業の導入場面では，子どもの反応に大きなリアクションを取り，一気に授業に引き込むことが特に重要です。また，重要な問いかけをしたときは，オンライン授業でもリアルの授業でも，3秒（少し）の間をつくります。

　「心配なお友だちもいるから，46よりも答えが大きくなる式があるのか，（ビデオを止めて）ノートに実験してみよう。では，実験スタート！」

　オンライン授業の場合，（　　）の「ビデオを止めて」という指示を明確に行うようにします。

子どもたちは，答えが46よりも大きくなる式があるのか
を確かめます。

　その後，42＋31＝73の発表が行われます。

　「42＋31の答えは73だね。この答えよりも大きい答えの
式を見つけたお友だちはいるかな？」

　「あ～，いないんだね。それじゃあ，73の答えが一番大
きいんだね」

「えっ，なになに？　『同じ答えだけど，別の式がある』
って声が聞こえるよ」

オンライン授業でも，リアルの授業でも，（予想さ
れる）子どもの声を注意深く聞き取る（ポーズを取
る）ことは重要です。

「本当に答えが73になる他の式があるの？」
「計算，間違えてるんじゃないの～？」

このように，子どもの反応に対して挑発的な問いを
投げかけることも，子どもを授業に引き込む有効なス
キルです。

「えっ，間違ってない？」
「何か聞こえるよ。73になる式は2つあるの？」
「『3つある』って声も聞こえるよ」

　子どもの発言を言葉だけでなく手で示して押さえます。特に低学年などでは有効な動的スキルです。

「え～っ,『4つある』って声も聞こえるよ。いったいいくつあるの?」

「答えが73になる式はいったいいくつあるのかな? (ビデオを止めて)ノートに実験してみよう。では,実験スタート!」

オンライン授業の場合,( )の「ビデオを止めて」という指示を明確に行うようにします。

子どもたちは,答えが73になる式が何種類あるのか,各自のノート上で実験を行います。

その結果,41＋32,32＋41,31＋42の3種類の式があることが発表されました。教師はその3種類の式を並べて板書します。

「答えが73になる式は，全部で４つあったね」

「じゃあ，答えが大きい方が勝ち勝負は，答えが73になる式を見つけた友だちが勝ちだね！」

「えっ，なになに？ 『おもしろいことがある』って声が聞こえるよ」

「もう勝負はついたのに，おもしろいことなんて本当にあるの？」

「おもしろいことがある」というのは，子どもが何かきまりを見つけたときに発する言葉です。このような，「深い学び」の世界に入るきっかけとなる子どもの声を事前に十分に予想しておき，実際の授業でもしっかりとリアクションを取ることが，重要なポイントです。

「『4つの式にきまりがある』っていう声が聞こえてきたよ」

「4つの式にきまりなんて，本当にあるのかな？」

「『え～っ，きまり？』って声も聞こえるね。きまりは本当にあるのかな？　だれかヒントをくれませんか？」

　オンライン授業でも，「だれかヒントをくれませんか？」と投げかけることで，子どもに「主体的な学び」を意識させます。

「ヒントが見えたぞ。どこか指さしている人がいるよ。どこを指さしているのかわかりますか？」

（オンライン授業は3秒の間）

> このように，（予想される）子どもの声や反応を次々に取り上げていくことで，オンライン授業でも，リアルの授業と同様に「対話的な学び」の仮想空間を生み出すことができます。

「こことここ（31＋42の1と2）を指さしているね」
「こことここ（31＋42の3と4）を指さしているね」

　以下，同様に32＋41，41＋32，42＋31の一の位と十の位を縦方向に，順に指さしていきます。

「みんな，わかったかな？」

（オンライン授業は3秒の間）

「『十の位と一の位』ってどういうこと？」

リアルの授業であれば，子どもの生の声を引き出したい場面なので，もう少し十分な間を取ります。

「例えば，十の位は3と4だね」（31＋42の十の位の3と4を赤で囲む。以下，同様に囲んでいく）

　「赤で囲んだ十の位に，きまりがあるの？」

（オンライン授業は3秒の間）

　「わかった？　十の位は全部3と4なの？」

　「31＋42も3と4，32＋41も3と4，41＋32も3と4，42＋31も3と4」

　確かめることが増えてくる場面ではありますが，教師は子どもに背を向けて板書するのではなく，子どもの方を見て（カメラ目線で），一つひとつ丁寧に押さえていくようにします。

「えっ，なんだって？　『しかも十の位は大きい数字でで
きている』？」

「本当だね。3と4は，1，2，3，4の中で一番大き
い数字だね」

「十の位は，大きい数字でできているんだね」

　「えっ，なんだって？　『だったら一の位も…』？　どう
いうこと？」

（オンライン授業は3秒の間）

> 　ここでは，声は出さずジェスチャーだけで31＋42，
> 32＋41，41＋32，42＋31の一の位を順に指さします。

「『だったら』どういうことか，みんなわかった？」

「どんなことがわかったか，ちょっと言ってみて」

（オンライン授業は3秒の間）

「『一の位は小さい数字』なの？」

「31＋42は1と2。32＋41は2と1。41＋32は1と2。42＋31は2と1。確かに，小さい数字だね」

　「そうか！　十の位は3と4の大きい数字，一の位は1と2の小さい数字にすれば，答えが大きい式がつくれるんだね。すごいきまりに気づいたね。さすが2年生！」

　ここは，リアルの授業ではぜひ子どもから引き出したい考えです。

「では，ここまでのところを（ビデオを止めて）ノートに整理しましょう」

> ひと区切りついたところで，ノートに整理する時間を確保します。

「ところで，みんなが見つけたきまりって，数字カードが1〜4のときだけのたまたまじゃないの？」
（オンライン授業は3秒の間）

> ここは，新たな「深い学び」に入っていく入り口となる重要な局面です。オンライン授業でも，リアルの授業でも，学ぶ意欲を掻き立てるべく，教師が子どもを思いきり挑発します。

「数字カードが1〜4じゃなくても，きまりは当てはまるのかな？」

「きまりがいつでも当てはまると思う人はパー，当てはまらないかもと思う人はグーをあげてみよう」

「みんな決まったかな？」

（オンライン授業は3秒の間）

ここでの問いは，すぐに自分の考えをもつのが難しい子どももいますが，そういった子どもがドロップアウトしないように，ハンドサインでとりあえずの意思表示をさせ，「主体的な学び」を促します。

「では，グーかパーをあげてみましょう。せーのー，ド
ン！」

「お〜，分かれたね。でも，パーの方が多いね」

オンライン授業でも，全体の傾向を示すことで「対
話的な学び」の仮想空間を生み出します。

「さっきのきまりが，2，3，4，5でも当てはまるの
か，（ビデオを止めて）ノートに実験してみましょう。で
は，実験スタート！」

2，3，4，5の4枚の数字カードでできる，答えが最
大値になる式を順に考えていく（発表させる）と，下の写
真の右上にあるような，4種類の式になります。

「95が一番大きい答えだったね」

「ところで，さっきのきまりは当てはまっていますか？」

（オンライン授業は3秒の間）

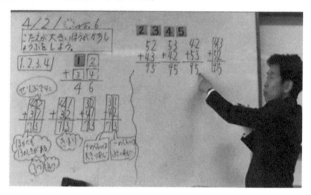

「十の位は大きい数字だったね。43 + 52は4と5。大きい数字だね」

（以下，同様に確認）

> 　繰り返し的な確認になるため，つい省略したり，スピードを上げてしまったりしがちなところですが，一つひとつ丁寧に確認することで，子どもが思考を整理する余裕を生み出します。

　「十の位は大きい数字で OK だったね。じゃあ，一の位
はどうかな？」

（オンライン授業は 3 秒の間）

　「一の位は小さい数字だったね」

　この後，一の位の数字がどの式も 2，3 で構成されてい
ることを確認します。

「みんなが見つけた十の位のきまり，一の位のきまり，2，3，4，5の数字カードでも当てはまったね。すごいね！」

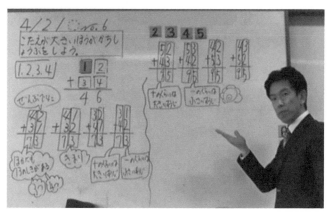

「では，ここまでのところを，（ビデオを止めて）ノートに整理しましょう」

　次は，3，4，5，6の数字カードでも，子どもたちが見つけたきまり（十の位は大きい数字，一の位は小さい数字を組み合わせることで，答えが最大になるたし算の式をつくることができる）を実験を通して確かめます。

　54＋63，53＋64，64＋53，63＋54

　この4つの式の答えが117の最大値になる式です。いずれの式にも，前述の「十の位は大きい数字，一の位は小さい数字を組み合わせることで，答えが最大になるたし算の式をつくることができる」というきまりが当てはまること

を確認することができました。

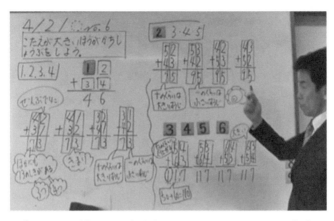

「みんなが見つけたきまりは，３，４，５，６でも当てはまったね。みんなが見つけたきまりはすごいね！」

「今度はみんなが選んだ４つの好きな数字で実験してみよう。どんな数字でもいいですよ」

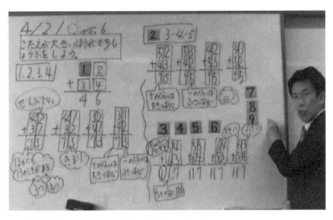

「まだ使っていない数字もあるね」

「7，8，9は，まだ使ってないね」

　全員で（教師と）同じ数について考えてきた場面と異なり，子どもにとってはハードルが上がるので，具体的な数を例示しながら丁寧に説明します。

「自分の好きな異なる４つの数字を選んで，このきまり
が当てはまるか実験してみよう」

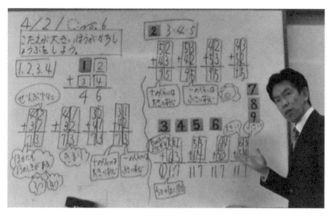

「では，（ビデオを止めて）ノートに実験してみましょう。
実験スタート！」

「どうだったかな？　『きまりが当てはまった！』という
声がたくさん聞こえるね」

「自分が実験した数字の他にも4つの数字の選び方があるね。ぜひ自主学習でも実験してみよう」

> 自主学習につながる，オープンなエンディングの形を取ります。

本章で紹介した授業の動画を，本書購入者限定で公開します。右のQRコードを読み込んでご視聴ください。

第 **5** 章
オンライン授業の先に
待ち受ける世界

1 オンライン授業が
救う子どもたち

　現在文科省によって推進されている GIGA スクール構想によって，数年後には，全国の小中学校に一定の ICT 環境が整備される見通しになってきました。「1 人 1 台端末」による授業が実現する日もそう遠くはないということです。

　1 人 1 台のタブレットや PC の配備が，コロナ禍で休校が長引き，在宅でのオンライン授業を余儀なくされたときに有効だったことはご存知の通りです。

　では，毎日登校できる状態になったとき，1 人 1 台のタブレットや PC は，学校現場ではどのように活用されていくのでしょうか。

　実物を用いた実験が難しい理科の授業や，算数の円の面積の等積変形の学習などでそれらを活用することは，これまでも行われてきました。さらに，タブレットを活用することで，アナログ的な実験よりもはるかに理解が容易になることの有効性も確認されてきました。

　しかし，1 人 1 台のタブレットや PC の配備で最も恩恵を受けるのは，**不登校や長期療養で学校を休まざるを得ない子どもたち**ではないでしょうか。

　これまで，彼らの学力保障に関しては，教師の個別指導

などで遅れをカバーしてきたという実態があります。そこでの個別指導は，マンツーマンによるものです。マンツーマンの指導には，教室での授業と同じ空気感を再現することが難しいという問題があります。結果として，やり方を教師から教え込むという"最短コース"の教え方になりがちでした。

　しかし，タブレットやPCを使って，教室での子どもたちを相手にした実際の授業の様子や録画した授業動画を視聴することができれば，彼らの学びの質は，格段に向上します。教室と同じ空間が，彼らの目の前に再現されるからです。

2 消える大型予備校の校舎

　現在，最も有効にタブレットやPCを活用しているのが大手の塾産業（いわゆる予備校）です。かつては，予備校校舎に通わなければ受講することができなかった有名講師の授業が，オンラインで受講できるのです。

　彼らの授業は，あらかじめ動画で撮影済みです。したがって，全国どこからでも，どの時間帯でも受講することができます。しかも，繰り返し視聴することや，確認したい場面はゆっくりと再生することもできます。この部分は完全に個別対応です。動画視聴後は，全国各教室のチュータ

ーが，学びの確認や生徒からの質問に答えるなどのサポートを行っていきます。

　かつては全国主要都市に大規模な校舎を建築していた塾産業。その校舎に生徒を集め，有名講師が登壇して生の授業を行っていました。しかし，ICT 環境が整ったことで，全国主要都市に赴かなくても，有名講師の授業をオンラインで受講できる時代が到来したのです。地方に住む生徒にとっては，主要都市まで出向く時間もお金も必要がなくなり，こんなにありがたいことはありません。

　結果として，かつて全国主要都市にあった予備校の巨大校舎は不要になりました。

　このように，**ICT 環境は，塾や予備校などの授業スタイル，さらには塾産業の在り方そのものを大きく変えました。**

　これと同様のことが，全国の小中学校でも，いずれ起きないとは言いきれません。近年は教師を目指す学生が右肩下がりの傾向にあり，教師の質の確保という課題はすでに議論の的になっています。

3 授業動画が保護者の　意識を変える!?

　コロナ禍で学校が長期休校になった際，多くの公立校で行われたのは，課題のプリントを配付することでした。

ICT環境の整備が遅れている現状では，致し方ない選択であったと言えます。

この休校中，「子どもの学びを止めない」という合言葉のもと，多くの授業動画がYouTube等の動画サイトを通して配信されました。

心ある保護者の中には，学校からのプリント学習を補助しようと考え，これらの動画をわが子に視聴させた方もいます。

子どもたちが視聴した授業は，当然ですが担任の先生の授業動画ではありません。視聴した動画の授業レベルが低いものであれば，ある意味何も問題は起こりません。しかし，そこで視聴した動画の授業の質が明らかに高いものであったとしたら，いったいどんなことが起こるでしょうか。動画を見た子どもが，こんなふうにつぶやいたとしたら…。

「お母さん，担任の先生の授業よりも，YouTubeの先生の授業の方がずっとわかりやすい」

このようなつぶやきが，動画を視聴するたびに聞こえたら，何が起こるでしょうか。

「タブレットやPCを1人1台持っているのであれば，学校でも，タブレットで授業のうまい先生の動画を視聴させてほしい」

と，保護者が要望するようになるかもしれません。

このような要望が本当に保護者から上がってきたら，学校現場はどのように対応するのでしょうか。

4 先生の仕事は
チューターに!?

　全国の小中学校では，すでにほとんどの教室に大型テレビが配備されています。さらに，タブレットやPCの1人1台の配備も時間の問題です。これだけのICT環境が整えば，大手予備校などで行われている授業スタイルが，学校現場にも浸透していかないとは限りません。

　授業のメインは全員で質の高い授業動画を視聴する。その後の話し合いの場面になったら，担任が動画を一時停止してクラスの子ども同士の話し合いをコーディネートする。話し合いがまとまったら，再び動画を視聴する。

　こんな授業スタイルが，現実のものとなるかもしれないのです。

　もし，そうなったら授業場面における担任の役割は，完全に塾のチューターと同じような仕事になってしまうのではないでしょうか。

　実際，私が講師を務めるスタディサプリには，小学校4〜6年生算数の全単元の授業動画が用意されています。

「中途半端な教え方しかできない担任に授業を任せるくらいなら，タブレットやPCを通して質の高い授業コンテンツを視聴させたい。その方が子どもの学習意欲も学力も確実に向上する」
という主張が，いつ保護者から生まれきてもおかしくはあ

りません。

　2014年オックスフォード大学のオズボーン博士が，「10年後に消える職業」を発表しました。その中に，教師は入ってはいませんでした。

　しかし，質の高い授業がインターネットで視聴できるようになった2021年現在，教師という職業が，今の形のまま10年後も存在すると言いきれるでしょうか。

5　生き残る教師の条件

　ここまで読まれた読者の先生方の中には，

「ICT環境が整備され過ぎたら，教師の仕事は本当になくなってしまうかもしれない」
と不安に感じている方もいらっしゃるかもしれません。

　そう感じていながら何もしなければ，その可能性は0ではありません。

　企業経営の世界には，「本物だけが生き残る」「本物だけが支持される」という共通認識があります。

　では，教師の世界の「本物」とは何でしょうか。

　それは，まぎれもなく「授業の質が高い」ことです。すなわち，どんな時代も，「授業の質が高い教師だけが生き残る」ということです。

担任の先生の授業の質が高ければ，前述の「お母さん，担任の先生の授業よりも，YouTube の先生の授業の方がずっとわかりやすい」という声はそもそも上がってきません。むしろ，「お母さん，担任の先生の授業が一番わかりやすいし楽しいよ。YouTube の先生の授業なんてつまんない」という声が上がるはずです。

このように，**ICT 環境がどれだけ万全に整備され，どれだけたくさんの動画コンテンツが視聴可能になったとしても，最終的に問われるのが「授業の質」であることには，いささかも変わりはない**のです。

本書では，その「授業の質」を保障，向上するための様々なスキルを紹介してきました。

Afterword
おわりに

　ICT を活用した授業の進め方を学ぶオンライン研修会に参加しました。そこで多く聞こえてきたのが，次のような話です。

　「タブレットを使うことで，子どもたちは意欲的に学習に取り組むようになります」

　この論理展開は，本当に正しいのでしょうか。私はそうは思いません。子どもたちが意欲的になっている対象をはき違えているからです。子どもたちが意欲的になっているのは学習ではなく，タブレットを使うことなのです。

　タブレットを使うことは，子どもに限らず大人にとっても楽しいものです。タブレットを触っていると，あっという間に時間が経ってしまったという経験をしたことがある方も多いのではないでしょうか。

　実際，そのオンライン研修会で提案されていた授業そのものはごく普通の内容で，決して意欲的に課題を解決したいと感じられるような学習ではありませんでした。

　教師の最大の仕事は，子どもが「愉しい」と実感できる授業を構想し，実践していくことです。

　そのためには，

　「どんな教材を提示したら子どもは食いつくだろう」

「教材をどんな順番で提示したら興味をもつだろう」

「どんな発問を投げかけたら子どもたちの中にズレが生まれ，追究を進めていくだろう」

といった，授業の柱となる部分をしっかりと検討することが大切です。そのうえで，授業の「台本」（授業構成）をつくっていくのです。

このような流れの中で，必要に応じて ICT を効果的に取り入れていくことが大切なのです。決して，ICT を使うことが目的化してはいけないのです。

精神科医のアンデシュ・ハンセン氏は，著書『スマホ脳』の中で，物語文の読解場面をデジタルで読んだ場合と，紙で読んだ場合を比較した実証実験結果を述べています。どちらも読むという行為自体は同じです。では，読んだ内容を理解できたのかという読解の視点で違いはないのでしょうか。

アンデシュ・ハンセン氏は，「（デジタルで読んだグループよりも）紙で読んだグループの方が内容をよく覚えていた」と述べています。この結果から見えてくるのは，文章を読解する場面では，ICT を活用するよりも，紙で教材文を提示する方が効果的であるのではないか，ということです。

この結果は，何を意味するのでしょうか。ICT 化の波が一気に学校現場に押し寄せています。今まで行われてきた様々な教育活動を ICT に置き換えることで，すべての

ことが効率的・効果的に進められると思われている空気感すらあります。

　しかし，アンデシュ・ハンセン氏の指摘にもある通り，その効果は万能ではないのです。これまで通りの指導方法の方が効果的な場面もあることを踏まえ，必要な場面を見極めて ICT 化を進めることが大切であるということです。

　いずれにしても，教師が引き出すべき子どもの喜ぶ姿は，授業内容そのものに対するものでなければいけません。本書では，そのために効果的でありながら，今まであまり顧みられることのなかった教師の動的スキルなどに着目し，そのポイントをオンライン授業のつくり方と関連づけながら述べてきました。

　オンライン授業であっても，リアルの教室の授業であっても，本書を手に取られた先生方が，羞恥心を捨てて役者魂を発揮し，子どもがワクワクするような授業を実践されることを願っています。

　2021年３月

　　　　　　　　　　　　　　　　　　尾﨑　正彦

【著者紹介】

尾﨑　正彦（おざき　まさひこ）

関西大学初等部教諭。新潟県公立小学校勤務を経て現職。

スタディサプリ小学算数講座講師

全国算数授業研究会常任理事

学校図書教科書『みんなと学ぶ小学校算数』編集委員

東京理科大学 第6回《算数・授業の達人》大賞優秀賞

第41回「わたしの教育記録」特選

新潟市教育委員会認定マイスター教師（算数）

主な著書

『WHYでわかる！　HOWでできる！　算数の授業Q＆A』

『小学校　新学習指導要領　算数の授業づくり』

『算数の授業がもっとうまくなる50の技』

『小学校算数の授業づくり　はじめの一歩』（以上明治図書）

『板書で見る全単元・全時間の授業のすべて　算数　小学校6年上』

『アクティブ・ラーニングでつくる算数の授業』（以上東洋館出版社）他多数

算数授業スキル　ニューノーマル

2021年4月初版第1刷刊 ©著　者	尾　﨑　正　彦
発行者	藤　原　光　政
発行所	明治図書出版株式会社

http://www.meijitosho.co.jp

（企画）矢口郁雄（校正）大内奈々子

〒114-0023　東京都北区滝野川7-46-1

振替00160-5-151318　電話03(5907)6701

ご注文窓口　電話03(5907)6668

＊検印省略　　組版所 株 式 会 社 カ シ ヨ

本書の無断コピーは，著作権・出版権にふれます。ご注意ください。

Printed in Japan　　ISBN978-4-18-342012-1

もれなくクーポンがもらえる！読者アンケートはこちらから→

算数の
もっと
授業が
うまくなる
50
の技

Ozaki Masahiko
尾﨑 正彦

ワンランク上の算数授業を目指す全ての先生のために

　指導内容は理解できているし、教科書通りに授業もできるけど、何か物足りない。そんな先生が算数授業の質を一段引き上げるための一冊。子どもの問いの引き出し方、つなぎ方から、数学的な考え方の育て方まで、算数授業名人が絶対外せない 50 の技を解説。

160 ページ　四六判　1,800 円＋税　図書番号 ：2732

算数の
もっと
授業が
うまくなる
50
の技

Ozaki Masahiko
尾﨑 正彦

●課題・発問
●話し合い授業
●ノート指導
●板書　　…etc.

子どもは活発に発表するけど
何か物足りない。

そんな教師が次に獲得すべき
一段上の授業力

指導内容は理解できているし

明治図書

明治図書　携帯・スマートフォンからは　**明治図書 ONLINE へ**　書籍の検索、注文ができます。▶ ▶ ▶

http://www.meijitosho.co.jp　＊併記4桁の図書番号（英数字）でHP、携帯での検索・注文が簡単に行えます。

〒114-0023　東京都北区滝野川 7-46-1　ご注文窓口　TEL 03-5907-6668　FAX 050-3156-2790

＊価格は全て本体価格表示です。